Cleofé Campuzano Marco

# El cuerpo quemará
# la medida de las casas

Prólogo
*Luis Llorente*

LA GARÚA · *Poesía*, 113

Primera edición: septiembre de 2025

© del texto: Cleofé Campuzano
© del prólogo: Luis Llorente
© de la presente edición:
La Garúa Libros
Barcelona
www.lagaruapoesia.com

ISBN: 979-13-990034-4-4
Depósito Legal: B 12850-2025

# UNA RAÍZ PALPABLE
## A modo de aproximación a estos poemas
### de Cleofé Campuzano

En la poesía de Cleofé Campuzano encontramos una constante exploración, una aventura hacia lo real y hacia lo verbal.

*El cuerpo quemará la medida de las casas* es una invitación a entrar en un territorio, una especie de preludio hacia algo que es precisamente lo que motiva su escritura. Podríamos afirmar que, en cierto modo, gracias a lo desconocido escribe. El cuerpo tiene que ver con el espacio, con la motivación metafísica de lo explorado y sentido.

Esa cohesión del discurso viene marcada por la indagación en el misterio de la realidad, en sus distintas formas, en sus apariencias, en sus vórtices, en su pulsión onírica hacia el límite. Mantiene esa corriente en cada poema. Las casas tienen su medida.

Los sentimientos de la autora se concentran en unos casos en la expresión más febril y desafiante; en otros casos, en la claridad y el tono directo o sentencioso. En todo caso, elasticidad de la palabra, trasunto léxico para echar toda la materia al fuego, para entrar en materia, para penetrar en ese sitio donde se funde lo que se dice con lo que no se dice, y se articula en versos concretos. El silencio útil y la palabra útil para lo que quiere mostrarnos, casi como quien esculpe el lenguaje. Esa idea (que está en la gran Blanca Varela, o en la Clara Janés más filosófica) de modelar el lenguaje como una escultura inacabada.

Lo que se manifiesta y lo que se oculta, lo visible y lo invisible; es decir, una dualidad y a la vez una noción fragmentaria de lo *percibido*. También lo que la propia mirada *completa*, en el sentido de cerrar el círculo a través de esas señales que están determinadas por la condición natural de lo sagrado. El misterio de observar, de construir la realidad también a partir de lo que no es.

El poema como un palimpsesto que adquiere intensidad en los puntos de inflexión o en las señales de retorno del discurso inicial. Lo borrado, lo escrito y lo reescrito, como una visión interminable. Aún más, la identificación con lo escrito, en cuanto plasmación de su yo; o de su *alter ego*. La creación sin ese espejo sería ciega, pues la poeta halla su mirada cuando escribe. Lo que inaugura un nuevo espacio. Lo que se teje, se traza, se construye *mirando*. Esa poética de la construcción como presente continuo. Una red creada por la propia vivencia del presagio. Un escribir hacia lo desconocido, hacia ese territorio que surge hacia adelante. Una raíz palpable.

Como dice Luis Cernuda en su poema *El retraído*, que en cierto modo es un implacable alegato de neoplatonismo: «No son como las cosas / De que cerciora el tacto, / Que contemplan los ojos; / De cuerpo más aéreo / Que un aroma, un sonido, / Sólo tienen la forma prestada por la mente, / Existiendo visibles para el mundo / Aun cuando el mundo para ti lo integran».

Así, la poesía de Cleofé parte de un espacio obvio de meditación y lo integra en el sistema metafórico. Ya en uno de sus libros anteriores, *Paz primaria* (Devenir, 2021), decía «No quiero ser la ventana inconclusa. / No quiero quedar colgada de la matriz del polvo». Esa idea de lo que queda cerrado o abierto según la manera en que es atravesado.

En esta nueva entrega, nos dice «Atravieso esa verdad que solo es escape aprendido; el día en que los muros son fuego y sangre pero tienen la premura de la ignición».

La mirada crea el espacio, pero también se suma a lo ya creado. «Quiero que todos los ojos / miren la entropía».

En varios de estos poemas encontramos el fogonazo lírico y el onirismo de esa realidad interpretada, reinterpretada o confusa. Y la búsqueda constante, amparada por los retales de esa escritura fragmentaria. «Esperaba encontrar algo al otro lado. / Una casa prefabricada fingiendo ser realidad-privilegio».

Es este un libro para leer despacio, para —incluso— llegar a un punto de complicidad con su corriente. Encierra cada poema un lugar de meditación, un umbral hacia el misterio alejado del ruido y de la ceniza. Lo perdurable asoma en algunos casos en el verso final del poema, y deja poso, algo abierto hacia lo infinito, o que al menos invita a sostener la llama. Y a protegerla, a vivir con su fragilidad y contra todo atisbo de impostura.

La autora se subleva en la palabra y nos ofrece su laberinto sensible. Pero todo está dentro de un sistema metafórico coherente, de un tejido unitario: diría una morada, al más puro estilo de José Ángel Valente. En el poema más denso y onírico, indaga y unifica. En el poema más compacto y simplificado, contempla y reelabora. Considero un acierto que se den ambos registros en el libro, pues no solo son perfectamente compatibles sino hermosamente complementarios. El conjunto queda enriquecido y además corrobora su voz más personal, una voz que en mi opinión ya puede situarse entre las más originales de la nueva poesía hispánica. Algunos lectores descubrirán su poesía a partir de este libro, y probablemente sientan ese placer estético ante una voz *diferente*; los que ya conocen alguno de los libros anteriores, detectarán aquí ese empeño, esa forja, ese grado de madurez. En todo caso será una aventura y un paso al frente en su territorio.

Decía Lezama Lima que «Lo desnudo se nutre por sus huellas». Y encontraremos aquí muchas huellas, muchas marcas que forman parte de la estructura de la casa. Puertas y ventanas y pasillos y estancias y corredores de luz.

Que celebre el incendio la mirada.

LUIS LLORENTE
julio 2025

*A mi madre,* in eternum

*A mi abuela Dolores,*
*de quien tanto he aprendido*

*A las mujeres de mi vida*

*La pérdida del objeto*
*coincide con la pérdida del propio mundo*

RECALCATI

## PATIENS I

Lavé tu cuerpo como en el inicio de nuestra vida lo hiciera el líquido amniótico, con la inocencia natural del vínculo. Nunca saber el fondo. Ni entender el fondo. Y vivir en la ausencia del origen del roble.

AQUÍ siempre vives.
Mirando el laurel, puedo borrar el horror.

Como de un film, sus pictogramas, aparecen los
        fragmentos de ti...
y yo reordeno su secuencia y consignas.
Las manos finalizan la lucha y preservan algo inédito.

Y me adelanto y detengo en un tiempo sin exigencias.
Aquí siempre vives.


*(Hemisferio)*

La mirada de lo inédito.
Su magnitud.
Su misterio.
El amor.

*(En un lugar privado)*

[Sentada sobre una roca, con el vértigo hacia las ruinas del castillo. No he podido llegar. Espero a que algún movimiento me distraiga de mi temor; como una hormiga haciendo un camino más extenso que el mío o una especie olvidada entre la oscuridad del micelio]

Buscamos la locura, la ficción, el humo de las frases ya pronunciadas.

Pero denostamos lo distinto y no creemos en el poder de una sílaba. Tampoco en la muerte. La cambiamos por la danza frívola del no-ver. Recogeré la sombra como aquella que habita un herbario fortuito, único en la tierra. El amor podría ser todo. Inútilmente, presentir los inviernos y las almas dadas, generar el vidrio por el que el sol mata. Salir de lo anónimo.

Ser cuerpo ido pero recordado.

PALOMILLA atrapada en el poder de la prudencia y el
  círculo;
ella también se oculta en la rutina y el olor a armario
  antiguo.
Toda llave pertenece a una casa, como una cabeza a un
  cuerpo.

Solo las piedras y los espejos dicen y ocultan.

(Comprobación terreno-verdad)

*Tengo la dicha fiel y la dicha perdida...*

GABRIELA MISTRAL

*No recordar nada...*
*Que me hunda la noche callada*

JUAN RAMÓN JIMÉNEZ

AL LADO del muro, dentro de él.

A-travieso esa verdad que solo es escape aprendido; el día en que los muros son fuego y sangre pero tienen la premura de la ignición.

A-travieso la frialdad de la muerte cuando es recién llegada y región extensa en los pasados.

A-travieso, de todo, solo la parte que es culpable. Me cuesta desprenderme de ella porque sabe tanto de mí...

A-travieso, ahora sí, solo provista de aire.

*(Del lóbulo frontal y el tiempo comprimido)*

Fragmentar la línea continua.

Contribuir al parlamento de la enajenada. Imprimir.
Imprimir su elocuencia
en la sima. Allá donde ha sido otra.
Allá donde hemos sido fórmulas.
Una ilusión raquídea.
D
I S
O L
U
C I
Ó
Nadando entre mis pies, los preparativos vistos en
          sueños.
La columna... para delimitar lo que la mariposa protege:
de la verdad a la mentira, del cielo al egoísmo de un
          adiós.
Como la tercera escarcha de un asunto que, una y otra vez,
ahorma la cintura al rostro. Cuando estaba viva,
no brotaban estas lágrimas. Ahora que no soy feliz,
nada tiene conversión.

QUEMANDO el tiempo en estructuras de cal.
Sobreviviendo a vidas, muertes y vínculos.
La inclinación del astro. La dolencia como séquito.

NADIE tuvo nunca una secuencia de agujas como esta. Quizás todos quisieron sentirla.

HA FLORECIDO el rincón sagrado y el micelio encendido
	de mañana.
Allí, ella se pregunta qué le ha hecho ser corteza, materia
	prefrontal
en la espera.

*(Hemisferio entre la casa y el cuerpo)*

Escribes para respetar la palabra.
Lo que hay antes.
Lo que hay después.

OSCURIDAD cayendo sobre el cuerpo inerte y el firme
	tubérculo.
Alrededor de los viejos reproches.
Ves, ahí brotan, terribles y completos.

LA MADERA nos desafía. La primera palabra del paladar pierde el gusto por el desastre. Plegarias y lucernas que no conocerán luna. Empezar. Ninguna ráfaga. Ningún lamento. Redención; errar mucho en la bolsa desinfecta de la juventud. Dicen que el arenal no puede sobrevivir sin lo eléctrico del mar, lo tranquilo de las voces y las ruedas. Espejean los campos con su noche. Anochece en la cumbre que nunca creyó en ti. Es hora de anochecer.

Cripta y columna de los silencios, prueba a empaparte de mí.

*(En el sol deformado de la tarde)*

Terrestre, la deformación de los pilares.
Difícil sustentar las piernas frente al hueco,
y pese a todo, expectante. Tengo que alcanzar
el pan inmaculado que retrata el mediodía
y comerlo agradecida por vencer lo nuestro y esperarlo.

Y, mientras lo pienso, quizás deba recordar tus manos,
debí fotografiar sus silencios
—y tal vez lo hice—
Sí, el gran libro del dolor coincide con abismos,
coincide desde siempre.

Así es como se suspende la ira: con la quietud de un
          árbol.
Así es como el undécimo sol confabula
con la estrella que ahoga. Hijos que muerden claros
y madres que no pueden ser madres.
El agua deja todo para después. El agua de hoy
maltrata el deseo de ser en la posteridad;
como un gigante que no puede con su altura
y no encuentra tumba a su medida.

VOLVERÉ cuando el laurel no pueda ser él,
cuando dude de sí mismo.

# HEMICRANIA

*(A un lado de mi cabeza)*

Errante. Solo después de ver la espalda
con la que saltamos el frío de los silencios y el amor
hacia un lápida.

Podría encontrar un lugar en el error,
instaurarlo en el tuétano de mi universo.
Algunos de mis nudos nacen del conocimiento
y de la ignorancia, en una constante que sacude mi
          rutina.
Errante. Solo después de ver la espada
con la que saltamos el frío de los silencios y el amor
hacia un lápida.

Perdiéndose la vida, en el recuerdo de alguien
que fue consciente mientras la perdía; y yo heredé su
          tristeza
—amanezco con ella, disminuyo y crezco en ella—

Como un ruido en mi cocina, en el sofá.
Y un dolor de cuello alto sube por la comisura
y el borde de la mandíbula. De la luz que deriva en mí
—del antiguo sol— que termina negando mi próximo
          poema.

Errante, el agua de mi mente sin cabeza.

TRANSVERSAL.
La figuración de la promesa.

# ANEU

*(y un dios sin cuerpo)*

Un rojo elaborado se encuentra con el futuro.
La edad acaba con este año de angustias.
El fuego complace a la ruina;
y la ruina al fuego, solícita, descarnada.

Ella cuidó de mí, acabó con la densidad
de la tragedia, cuando yo odiaba, yo maldecía,
intensamente, al primer dios sin cuerpo
que apareció y se marchó sin avisar, sin decir nada
en obediencia a su rareza de espectro.

ESPERARÉ a que la poda sea materia fungible.
Hallando el privilegio de un vacío con vacíos.

INFILTRACIONES.

En la sombra de un silencio.

# MALAS HIERBAS

*(Propósito de enmienda)*

Solo nos espera la sospecha de estar vivos.
Matar la hierba con la sangre del pasado no servirá;
tampoco, aumentar el calor de las manos
y la sal del Mar Rojo para evitar una sutil lágrima por frío.
Como a las piedras el musgo, la cubierta total glosará
      epitafios.

El control de un hilo en los dedos dejará de ser control.
(Huecos)
Parada fiel. Dejar una hendidura abierta en primavera.

AL FONDO frecuentado por las sombras y
la locura de los espejos...
Levemente, un recuerdo.
Levemente, una presencia.

El OLVIDO como trampa.

La continuación como trampa.

La verdad, impulsada entre muros y hojas.

QUIERO que todos los ojos miren
la entropía.

Que distingan la ferocidad de una mancha.
Que hablen del grito levantado
sobre el hogar del conocimiento.
Que me hablen de adjetivaciones
impropias sobre la tristeza.

Mitocondria y sangrado.
Dulce rojo el de la vida,
dulce secreto el de su sombra.

QUEMAMOS el tiempo en estructuras de cal.
Hormigón prensado en las consciencias.

CUIDADO:

Del lat. *Cogitātus*
'Pensamiento' (RAE)
Rompiendo la carcasa de la piel. Imaginando que otro
  cuerpo no es posible.
La grieta y el yo no quieren beber.

Los cauces, el instante medido, no son para mí.
Me equivoqué con el tiempo,

lo creía indestructible en la materia
del mundo. Me equivoqué con él.
Ahora me muestra su obra
una de sus múltiples caras;

no marcha de mi cama y mi cocina
pero huye en ágil descendimiento.
Soy cruel con su esencia
—fuerte garra en muros y abetos—
Es seguro que mi perdón
—y el suyo—

está contemplado en alguna
de sus funestas bisagras.
Así que voy en paz,
voy en paz.

*He tenido que llegar hasta aquí para aceptar que la eutanasia activa no debía ser siempre mi primera opción.*

MARTA AGUDO

Nacimiento o nacer.

La diferencia del verbo.

Un dolor.

Una ráfaga.

El mar frente a una puerta.

FORTIFICADO, *fortificado, fortificado, fortificado, fortificado,*
  *fortificado.*

Mi
credo
es
mío
y
está

*fortificado, fortificado, fortificado, fortificado, fortificado,*
  *fortificado.*

(Pero debo decir que he perdido mi propósito y la imagen
vuelta sobre su esquina)

ALMACÉN o receptáculo: licencias de tierra y luz.

Vivo en la pequeña muerte.
Conduzco un texto aprendido que no respeta
mi existencia y no hay modo de saber
aquello que separa su título de mis muertes.

No tuve tiempo de sentir la brisa.
Los árboles estaban seguros de haberla vivido,
contaban que un auriga había caído
permitiendo regenerar la tierra.
Contaban que hubo un dragón que deseaba
desaparecer con su fábula; cuando el cielo
y las estrellas olvidan todos los nombres,
cuando nadie nace ni muere.

Esperaba encontrar algo al otro lado.

Una casa prefabricada fingiendo ser una
realidad-privilegio.

LA RUEDA es la llave del mundo.

La dirección de la manzana a la podredumbre.
El giro.
El estuario.

La DEGRADACIÓN es también crecimiento.

Un refulgir desde las extremidades al interior poroso
que me prolonga.

## PATIENS II

La enfermedad se enciende como un fósforo. La unión reticular de sus membranas deposita la consciencia en un bosque lejos de aquí. —Relaja los músculos— Esperaremos a que llegue la tarde. Los demás no vendrán y no es necesario que les llames. Coagula tu pelo antes de que el tiempo lo use en un recuerdo.

UNA SOLEDAD.
Un muro.
Una verdad de vidrio.

Antes de la succión en la noche,
fui fértil en el abismo.

*Esperar el fuego... Consagrar su venida.*

(EN UN ATRIL SANGRANDO)

El diseño del trigo y del mar es una verdad oculta.
Hipervínculo del piélago con la sangre y el fósil.

Lo que queda, todo, ocurre en la noche
—esa de la que no quiero desprenderme—

Lo que queda de los gritos últimos del viento
deshace los pasos en mi memoria. Y ahora,
yo sangro en sus espinos.
Toman y llevan la misma corona.

UN CANTO

al interior del desastre.

Y QUE el progreso sea lejano.
El progreso es una idea de respuestas calculadas.
La dimensión trasmigrada del presente que nada dice
sobre la verdad, que nada dice sobre la fatalidad,
nada sobre lo puro... pero, sí, sobre una herencia
    desencantada.
Todo lo que perjudica el orgullo es don de tierra.
La misma calma que me origina es la calma que me
    arroja;
la sensación de ser algo en este último momento
    de la tarde,
viendo la comisura interna que me separa las cosas.
Individual carcoma de cada silla de este salón que me
    sobrevivirá.
Cómo no llamar a este hecho confeso *ausencia*.

EL LOBO es un interior quebrado. Recojo los pedazos. Con el último sueño, pixelo mis libros, unifico las mitades sin doblez. Preservo su tinta para el futuro que no llega. Ese último sueño está en deuda con los sueños no delirantes. El sueño pretende ser realidad y ficción; ambiciona el olvido e intuyo que pretende alojar en él todas las muertes.

ÚNICAMENTE lo que viví me hace humana. El cuerpo quemará la medida de las casas. La tercera confusión es la caída de las casas. Después de los otros finales y del efecto de las noches forzosas. No confiaremos en los espacios blancos, los pasillos hacia montañas borrosas o los dobles significados de lo que creemos conocer profundamente. Mudos, los órdenes; oxidadas, sus llaves y sus pistas: *la tercera confusión es la caída de las casas.*

LLEGUÉ hasta el espacio liminal de la consciencia.
Y allí tu presencia se hizo ruina,
asimilada por el dolor intransferible.

CONTRACCIÓN de las horas.
En un ventanal, la contracción de las horas.
Ya todo se ha ido.
Las vitrinas emiten un largo grito y recaudan ausencias.
Antiguo, todo lo que es inmediato.
Ya es obsoleto; tiene ese aspecto gris de las cosas
que vivieron una época feliz
hace mucho, el aspecto de esa pátina de la sala de estar
que repele presencias excepto las únicas que conoce.
Ya es obsoleto, todo lo que es inmediato y crece.
Hay un lugar con puertas que van hacia donde no existen
y replican las conciencias en un pasillo sitiado
por el último sol y las manos de escarcha.
No reciben muchas visitas; las paredes recaudan los fondos
que los bancos dejaron en negativo.
Hay un lugar que permanece sin reclamos.
Pocos van por voluntad propia un día de luz y buen
            tiempo;
y lloran allí por un telúrico y solitario momento
para quebrantar la ficción de esta vida,
o para hacer emerger este paso provisional que tenemos
que poco o nada cuenta de sí mismo.

CON cada distancia que yo impongo
y cada violencia en la que el tiempo
se cerciora de sí con su carne, utilizo mis oídos
entre cuchillos y excedentes.
Miedos y pobreza que en su altillo existen
y pertenecen a un viejo temor.

Pongo el árbol donde la niña ha muerto,
invento su vida en un rincón-silencio.

(Constatar la imploración y el símbolo)
(Exposición radial de la tragedia)

Si el habla de los signos continuara viva
en las tumbas
y una irreverencia nos invitara a un comienzo
no engendrado, iría...
Adoraría la idea más allá de la idea.
El paso errático que acaba en la oscuridad
y, una vez allí, que algo de su herencia
pudiera mirarme y aceptarme.

La carcasa vacía.
Ningún ascenso sin muerte.

# PRINCIPIOS SIN ALAS

Y la figura humana se integró en la piedra.
Nos hemos bañado en las gélidas aguas de una garganta:

Sois la tierra que nace.
Sois la tierra —dicen los manglares—
(Absorbes el astro prematuro y anuncias su caída)
Se aplasta la sombra del león; rápidamente,
cae y nos dedica su momento único de calma.

El vano explicaba otra cosa: una lágrima en la contienda.
La fabricación del día en la máquina,
toda su fuerza en una vasija.
Cada etapa de la vida equivale al tiempo de otra
        costumbre.

## HERENCIA UMBILICAL

Vestida de lo ausente.
Oculta de lo que me asemeja a ellas.
Pero yo solo conozco el amor de madre por parte
      de hija.
Envejecen los paraísos en un sinfín de troqueles,
por donde se filtra todo el alambre umbilical
(rostros de sangre y vínculos de paz)
Y el moisés a cuadros rojos y blancos que heredó mi
      memoria.
Imagino que nado entre un mar de sándalo y espinas
que imitan e invocan la devoción del acontecimiento.
Imagino que nado...
Aún puedo encontrar verdad en la raíz que se extingue.
Ningún azul me comprende.
Por eso ninguno compromete mi presencia.

NADIE conquistó nunca la oscuridad;
entraña tantas distancias
que la rama siempre es otra.
Un blanco que el sol no entiende.

*Se abrirán las flores dormidas*
*para venir a mí, saldrán de su letargo.*
*Se elevarán con mi miedo en busca de su mar*
*genuino.*
*En el agua pulcra que aún quede*
*y en el agua vieja de este vaso de agua*
*que ocupa inteligible espacio al lado de mi cama.*

# Índice

LA GARÚA

POESÍA

*****

**El cuerpo quemará la medida de las casas,**
de *Cleofé Campuzano*, se terminó
de imprimir y encuadernar en septiembre de 2025.
Para la composición del texto se ha
utilizado la tipografía Goudy Old Style
sobre papel munken print de 90 gr.